W0331303

Christiane Leesker · Vanessa Jansen

Das Beste vom Bodensee

Fisch

Wenn nicht anders angegeben,
sind die Rezepte immer für 4 Personen berechnet.

Bibliografische Information der Deutschen Bibliothek
Die Deutsche Bibliothek verzeichnet diese Publikation in der Deutschen Nationalbibliografie; detaillierte bibliografische Daten sind im Internet über http://dnb.ddb.de abrufbar.

ISBN 978-3-87800-093-8

Das Werk einschließlich aller seiner Teile ist urheberrechtlich geschützt. Jede Verwertung außerhalb der engen Grenzen des Urheberrechtsgesetzes ist ohne Zustimmung des Verlages unzulässig und strafbar. Das gilt insbesondere für Vervielfältigungen, Übersetzungen, Mikroverfilmungen und die Einspeicherung und Verarbeitung in elektronischen Systemen.

© Südverlag GmbH, Konstanz 2016
Text und Layout: Christiane Leesker
Fotografie: Vanessa Jansen
Styling: Vanessa Jansen und Christiane Leesker
Druck und Bindung: CPI – Ebner & Spiegel, Ulm

Südverlag GmbH
Schützenstr. 24, 78462 Konstanz
Tel. 07531-9053-0, Fax: 07531-9053-98
www.suedverlag.de

Christiane Leesker · Vanessa Jansen

Das Beste vom Bodensee
Fisch

Südverlag

Inhalt

Bodenseefisch
und Krustentiere

Der Bodensee als drittgrößter See Mitteleuropas ist unter Feinschmeckern berühmt für seinen artenreichen Bestand an Speisefisch. Da gibt es Raubfische (Hecht, Zander, Seeforelle), Flussbarsche (Kretzer bzw. Egli), Lachsfische (Seesaibling, Blau-, Sand- und Silberfelchen), Dorschartige (Trüsche), Knochenfische (Aal) und jede Menge Karpfenartige, die unter der Bezeichnung Weißfische zusammengefasst werden.

Zwar beklagen Fischer die zurückgehenden Bestände vieler Fischarten, die überraschenderweise daher rühren, dass die Fische im so sauberen, phosphatarmen Wasser nicht genug Nahrung finden. Allerdings wird auch viel dafür getan, die Fischbestände zu schützen und zu erhalten. Beispielsweise achtet die Fischereiaufsicht streng darauf, dass nur ausgewachsene Exemplare ab einer bestimmten Größe gefischt werden.

In der Küche finden die Fische natürlich vielfältige Verwendung. Neben klassischen Zubereitungsarten wie Felchen „Müllerin" oder „blau", Hechtklößchen oder Zanderknusperle ist der Fantasie der Küchenchefs keine Grenzen gesetzt. Wir haben rund um den See traditionsreiche und innovative regionale Rezepte gesammelt und die schönsten in diesem Buch zusammengefasst.

Auch Krustentiere wie Flusskrebse trifft man auf den Speisekarten hin und wieder an. Eine besondere Delikatesse, die man sich nicht entgehen lassen sollte! Sie werden z.B. im Brielbach im Hegau gefangen, wo amerikanische Signalkrebse, die leider die kleineren heimischen Flusskrebse vielerorts verdrängt haben, ideale Lebensbedingungen vorfinden.

Auf dem Foto links sieht man (von oben nach unten) zwei Saiblinge, zwei Felchen, zwei kleine Hechte, einige gegarte Flusskrebse und einen großen, bereits geschuppten Hecht.

Gebratenes Felchen
nach Winzerart

Für das Weinkraut:
1 Schalotte, fein gewürfelt, Butter zum Braten
200 g Sauerkraut, gewaschen
200 ml Bodensee-Riesling, 100 ml Champagner-Essig, 100 ml Sahne
1 Lorbeerblatt, einige zerdrückte Wacholderbeeren, 1 Stängel Thymian
Salz, frisch gemahlener Pfeffer, 1 Prise Zucker

Für Felchen und Garniur:
4 Felchenfilets, Salz, frisch gemahlener Pfeffer, etwas Mehl
1–2 Scheiben altbackenes Graubrot, klein gewürfelt
100 g Speckwürfel, Butter zum Braten, 100 g blaue Weintrauben
Saft von 1/2 Zitrone
200 ml Weißweinsauce (s. Tipp), Salbei- und Petersilienblättchen

Für das Weinkraut die Schalotte in zerlassener Butter glasig dünsten. Abgetropftes Sauerkraut zugeben und mitdünsten. Riesling, Champagner-Essig, Sahne und Gewürze zugeben. Alles zugedeckt ca. 30 Minuten garen. Die Felchenfilets salzen, pfeffern und auf der Hautseite mehlieren. Brot- und Speckwürfel in heißer Butter kross braten. Weintrauben zugeben. Alles herausnehmen und warm stellen. Felchenfilets im verbliebenen Fett goldbraun braten und mit Zitronensaft beträufeln. Die Filets mit Trauben, Speck und Croûtons auf dem Weinkraut anrichten. Mit Sauce begießen, mit Kräutern dekorieren. Dazu passt Kartoffelpüree.

Tipp:
Für die Weißweinsauce 1 gehackte Schalotte in 2 EL Butter andünsten. Mit 300 ml Weißwein und 150 ml Sahne ablöschen, salzen, pfeffern und auf die Hälfte einkochen lassen. Mit kalten Butterstückchen binden (montieren).

Rezept: Heinzler am See, Immenstaad

Rezept: Heinzler am See, Immenstaad

Räucherfelchen mit Meerrettich
und zweierlei Salaten

Für Gurkensalat und grünen Salat:
1 Salatgurke
2 EL saure Sahne
Salz, frisch gemahlener Pfeffer
4 EL gehackte Gartenkräuter (Gartenkresse, Dill, Zitronenmelisse, Schnittlauch, Petersilie)
1/4 Kopfsalat, 2 Tomaten
2 EL Champagner-Essig, Distelöl

Für Felchen und Garnitur:
4 geräucherte Felchenfilets
2 EL Meerrettich (Glas), verrührt mit 2 EL halbfest geschlagener Sahne
4 EL Felchenkaviar
frisch geriebener Meerrettich, Tomatenwürfelchen

Für den Gurkensalat die Gurke schälen und in Scheiben hobeln. Saure Sahne mit Salz, Pfeffer und 2 EL gehackten Kräutern verrühren und mit den Gurkenscheiben mischen.
Für den grünen Salat Kopfsalat waschen, trockenschleudern und klein zupfen. Die Tomaten von Stielansatz und Kernen befreien und fein würfeln. Essig mit Salz, Pfeffer und den verbliebenen Kräutern verrühren, das Distelöl unterschlagen. Kurz vor dem Servieren Dressing mit Salat und Tomatenwürfeln mischen.
Die Räucherfelchen im auf 100 °C vorgeheizten Backofen kurz erwärmen und auf Tellern anrichten. Jeweils 1 EL Meerrettichsahne und Felchenkaviar danebensetzen. Gurkensalat und grünen Salat ebenfalls auf den Tellern anrichten. Frischen Meerrettich über das Gericht reiben, Tomatenwürfelchen darüberstreuen und sofort servieren.

Rezept: Seehalde, Uhldingen-Mühlhofen

Gebratenes Eglifilet
mit Mais, Vogelmiere und Speck

Für die Maiscreme:
200 g frische Maiskörner, 2 EL Rapsöl, 1/4 l Gemüsefond
1 Msp. Xanthan (Geliermittel; ersatzweise Guakernmehl), Salz, Zucker
8 blanchierte Babymaiskolben, gebräunte Butter, etwas salziges Popcorn

Für das Vogelmiere-Gelee:
150 g Vogelmiere
1 Prise Puderzucker, 1 Prise Salz, 3–4 g Agar-Agar (Geliermittel)

Für die Eglifilets:
ca. 500 g Bodensee-Eglifilet
Salz, Butter zum Braten
4 dünne Scheiben durchwachsener Speck

Für die Maiscreme die Maiskörner in Rapsöl anschwitzen. Mit Gemüsefond ablöschen und die Flüssigkeit fast vollständig einkochen lassen. Hitze reduzieren, Xanthan zugeben und mixen, bis eine cremige, homogene Konsistenz erreicht ist (oder im Thermomix bei 90 °C 6 Minuten pürieren).
Die Maiscreme mit Salz und Zucker würzen, durch ein Haarsieb streichen und abermals glatt mixen. Die Babymaiskolben in brauner Butter anbraten.
Für das Vogelmiere-Gelee Vogelmiere mit 200 ml Wasser mixen (einige Blättchen für die Garnitur zurückhalten), Puderzucker und Salz zufügen, dann alles passieren. Agar-Agar einrühren, das Gelee einmal aufkochen lassen, auf ein Blech gießen und abkühlen lassen. Danach noch einmal mixen.
Die Eglifilets salzen und auf der Hautseite in Butter braten. Speckscheiben ebenfalls kross braten.
Die Maiscreme auf Teller streichen, darauf den Babymais und die Eglifilets anrichten. Mit Speck, salzigem Popcorn, Vogelmiere-Gelee und Vogelmiere-Blättchen garniert servieren.

Zanderknusperle
mit Bärlauchdip

Für die Bärlauchremoulade:
2 Eigelb, 1 TL Senf
Saft von 1/2 Zitrone, je 1 Prise Salz, frisch gemahlener Pfeffer
100 ml Sonnenblumenöl
2 EL gehackter Bärlauch

Für die Knusperle:
400–500 g Zanderfilet
Salz, frisch gemahlener Pfeffer
Fett zum Ausbacken
100 g Tempurateigpulver (Asialaden)

Für die Bärlauchremoulade Eigelbe und Senf Zimmertemperatur annehmen lassen. Dann beides mit dem Handrührgerät verquirlen. Mit Zitronensaft, Salz und Pfeffer würzen. Das Öl unter ständigem Rühren in dünnem Strahl nach und nach einarbeiten, bis eine dicke Emulsion entstanden ist. Bärlauch unterheben und die Remoulade bis zum Servieren kalt stellen.
Für die Fischknusperle Zanderfilet mit Salz und Pfeffer würzen und in daumendicke Streifen schneiden. Das Ausbackfett erhitzen. Das Tempurateigpulver mit ca. 130 ml kaltem Wasser glatt rühren. Die Fischstücke nacheinander in den Teig tauchen und sofort im heißen Fett goldbraun ausbacken. Mit einer Schaumkelle herausheben und kurz auf Küchenpapier entfetten. Die Fischknusperle auf einer Platte anrichten und die Bärlauchremoulade dazu reichen reichen. Dazu passen bunte Salate (z.B. Blattsalat, Krautsalat).

Tipp:
Statt Zander können Sie auch anderes festes Fischfilet verwenden, z.B. Felchen oder Lachs.

Hechtleber auf Rührei
mit Kürbiskernöl

- 6–8 Eier
- Salz, frisch gemahlener Pfeffer
- Butter zum Braten
- 2 TL Schnittlauchröllchen
- 100–120 g Hechtleber
- (alternativ Felchenleber; beim Fischer vorbestellen)
- 1/2 TL dunkler Balsamico
- 1/2 TL gehackte Petersilie
- 2 EL Kürbiskernöl
- 1 EL Kürbiskerne

Für das Rührei die Eier verquirlen, salzen und pfeffern. Butter in einer Pfanne erhitzen, die Eimasse hineingeben und bei geringer Hitze rühren, bis sie cremig stockt, mit Schnittlauch bestreuen und warm stellen.
Die Hechtleber in fingerbreite Stücke schneiden und in schäumender Butter ausbraten, dabei darauf achten, dass die Leber nicht trocken wird. Salzen und pfeffern. Zum Schluss Balsamico und Petersilie mit in die Pfanne geben und die Leberstreifen darin schwenken.
Das Rührei auf tiefe Teller verteilen, die Hechtleber darauf anrichten.
Mit etwas Kürbiskernöl und gerösteten Kürbiskernen garnieren.

Felchenaufstrich
nach Fischerart

- 300 g geräuchertes Felchenfilet
- 80 g Schmand
- 100 ml Sahne
- 2 EL gehackte Petersilie

Die Felchenfilets klein schneiden, einige Stückchen beiseitelegen. Den Rest mit Schmand und Sahne in der Küchenmaschine fein mixen. Die verbliebenen Stückchen unterrühren. Den Aufstrich in eine Schale füllen und mit gehackter Petersilie bestreuen. Schmeckt sehr gut auf saftigem Körnerbrot oder frischem Baguette.

Tipp:

Felchenaufstrich kann als Appetithappen oder kleines Vorgericht gereicht werden. Er eignet sich auch wunderbar für einen Brunch oder ein kaltes Buffet. Der Aufstrich kann natürlich beliebig variiert werden, indem Sie ihn mit anderem Räucherfisch, z.B. Forelle, herstellen oder geriebenen Meerrettich, gehackten Dill oder Zitronensaft unterrühren.

Rezept: Fischhaus Löwenzunft, Überlingen

Matjes vom Bodenseefelchen

mit Sauce Tartare

Für die Sauce Tartare:
150 g Mayonnaise, 50 g Joghurt, 50 g Crème fraîche, 1 TL Dijon-Senf
1 TL fein gewürfelte Schalotte
je 1 EL gehackte Kapern und gehackte Cornichons
je 2 EL gehackte Petersilie und fein gewürfelter Apfel
etwas Zitronensaft
Salz, frisch gemahlener Pfeffer, Cayennepfeffer

Außerdem:
8 Felchen-Matjesfilets
4 EL Felchenkaviar
Kapuzinerkresseblüten, Dill und Portulak zum Dekorieren

Für die Sauce Tartare die Mayonnaise mit Joghurt, Crème fraîche und Senf glatt rühren. Schalottenwürfel, Kapern, Cornichons, Petersilie und Apfelwürfel untermischen. Mit Zitronensaft, Salz, Pfeffer und Cayennepfeffer würzen.
Die Matjesfilets auf eine Platte legen. Die Sauce Tartare in einen Spritzbeutel mit großer Sterntülle füllen und in Wellenlinien auf den Fisch spritzen. Felchenkaviar obenauf anrichten. Mit Kapuzinerkresseblüten, Dill und Portulak dekorieren. Dazu passen Salzkartoffeln.

Tipp:

Für selbst gemachte Mayonnaise 3 Eigelbe mit 1 1/2 EL Dijon-Senf, 1 TL Zucker, dem Saft von 1/4 Zitrone, 1/2 TL Salz, frisch gemahlenem Pfeffer und 2 Spritzern Tabasco sehr sorgfältig verrühren. 1/4 l Sonnenblumenöl unter ständigem Rühren erst tröpfchenweise, dann in dünnem Strahl nach und nach einarbeiten. Zum Schluss 2 EL saure Sahne oder Joghurt unterrühren.

Rezept: Valentin Lindau

Rezept: Grüner Baum Moos

Fischfond

Grüner Baum (Grundrezept)

Für 3 l Fischfond:

- ca. 2 kg Fischkarkassen (z.B. Hecht, Kretzer, Zander, Forelle, Felchen)
- 3 weiße Zwiebeln, 1 Sellerieknolle, 1 Stange Lauch
- 4 Karotten, 1 Fenchelknolle
- 5 Knoblauchzehen, 6 getrocknete Tomaten
- 3 Lorbeerblätter, 3 Stück Sternanis, 2 Nelken
- 4 angedrückte Wacholderbeeren
- frische Kräuter (Petersilie, Dill, Liebstöckel)

Fischkarkassen unter fließendem kaltem Wasser waschen und in einem großen Topf mit ca. 6 l Wasser bedecken. Zwiebeln schälen. Das restliche Gemüse waschen und ungeputzt grob in Stücke schneiden. Gemüse, Knoblauch, Tomaten und Gewürze in den Topf geben. Alles ca. 1 1/2 Stunden sanft köcheln lassen, dabei häufig abschäumen. Für die letzten 10 Minuten die Kräuter zugeben. Den Fond durch ein feines Haarsieb seihen und portionsweise einfrieren. Der eingefrorene Fond hält sich bis zu einem Jahr. Fischfond, Fischsuppenbrühe oder fertige Fischsuppe können Sie übrigens auch im Gasthof Grüner Baum fix und fertig bestellen (s. Anhang).

Felchen filieren

Die Schuppen mit einem Messer in Richtung Kopf abschaben. Ein scharfes Filetiermesser schräg hinter dem Kopf ansetzen (die Kopfflosse anheben), etwa 1/2 cm Richtung Kopf schneiden, dann das Messer Richtung Schwanz drehen und vorsichtig an der Wirbelsäule entlangführen. Das Filet ablösen. Fisch wenden und den Vorgang wiederholen. Kopf und Gräten für die Zubereitung von Fischfond verwenden. Auf der Innenseite der Filets die Rippengräten aus der Mitte des Bauchlappens schneiden. Flossen abschneiden. Verbliebene Gräten nach dem Garen mit einer Pinzette ziehen.

Mooser Fischtopf
mit Rouille und Croûtons

Für 8 Personen:
1,6 kg Bodenseefisch (z.B. Felchen, Hecht, Trüsche, Aal, Wels, Kretzer), geschuppt, ohne Kopf
1 weiße Höribülle, 1 Fenchelknolle, 2 Knoblauchzehen
100 g Krebsbutter
2 l Fischfond (Rezept S. 25), 1/2 l Kalbsfond, 1/2 l Weißwein
1 TL Sambal Olek (Chilipaste)
5 cl Pastislikör (z.B. Ricard)
1 kräftige Prise Safran, Salz, frisch gemahlener Pfeffer

Für die Garnitur:
Rouille (s. Tipp), geriebener Käse (z.B. Gruyère)
Croûtons (dünne Baguettescheiben mit Knoblauch einreiben und rösten)

Die Fische in etwa gleich große Stücke schneiden. Die Zwiebel schälen, den Fenchel putzen. Beides in feine Streifen schneiden. Knoblauch schälen und fein hacken. Die Krebsbutter in einem großen Topf zerlassen, das Gemüse darin andünsten. Mit Fisch- und Kalbsfond ablöschen. Den Weißwein angießen, Sambal Oelek, Pastislikör und Gewürze zugeben. Die Fischstücke einlegen (größte zuerst) und sanft gar ziehen lassen. Das dauert etwa 8–10 Minuten. Die Suppe heiß servieren, Rouille, Käse und Croûtons getrennt dazu reichen. Man bestreicht die Croûtons mit Rouille, bestreut sie mit Käse und legt sie in die Suppe. Dazu passt ein Bodensee-Rosé.

Tipp:
Rouille ist ein typischer Begleiter der südfranzösischen Bouillabaisse. Dafür 200 ml Mayonnaise mit 1–2 fein gehackten Chilischoten, 1–2 zerdrückten Knoblauchzehen und 2 Safranfäden gut verrühren.

Brielbach-Krebse
mit Senf-Dill-Sauce

Für Kräutersud und Krebse:
80 g Zucker, 80 g Salz, 1 EL Wacholderbeeren, 1 Höribülle, gespickt mit 5 Nelken und 1 Lorbeerblatt
1 Bund Dill
1 Bund Zitronenverbene (Eisenkraut)
1–2 kg Signalkrebse aus dem Brielbach

Für die Senf-Dill-Sauce:
2 EL Dijon-Senf, 1 EL Senfpulver für Englischen Senf, 1 TL Senfsaat
200 ml Weißweinessig, 2 EL Honig, 2 TL Meerrettich (Glas)
300 ml kalt gepresstes Rapsöl
Salz, frisch gemahlener Pfeffer
1 Bund Dill, gehackt

Für den Kräutersud 2 l Wasser mit Zucker, Salz und Gewürzen 15 Minuten kochen lassen. Die Kräuter im Ganzen zugeben und den Sud vollständig abkühlen und gut durchziehen lassen. Abgedeckt gut durchkühlen lassen. In einem großen Topf 4 l Wasser zum Kochen bringen. Die lebenden Krebse kopfüber hineingeben. Dabei darauf achten, dass das Wasser weiter sprudelnd kocht. Die Hitze reduzieren und die Krebse 5 Minuten garen. Herausheben und im eiskalten Kräutersud abschrecken. Die Krebse vor dem Servieren mindestens 4 Stunden im Sud ziehen lassen.
Für die Senf-Dill-Sauce Senf, Senfpulver und Senfsaat verrühren. Weißweinessig, Honig und Meerrettich zugeben. Das Öl erst tröpfchenweise, dann im dünnen Strahl unterrühren. Die Sauce salzen und pfeffern. Gehackten Dill zum Schluss zufügen.
Die Krebse auf einer großen Platte anrichten, die Senf-Dill-Sauce dazu reichen. Es darf mit den Händen gegessen werden!

Rezept: Gruner Baum, Moos

Lachsforellenfilet mit Krebsschaum
auf Mangoldgemüse

Für den Krebsschaum:
100 g Krebskarkassen (beim Fischhändler bestellen)
Öl zum Braten
1 EL Tomatenmark, je 40 g Karotte, Sellerie und Lauch, gewürfelt
1 cl Cognac, 2,5 cl Wermut (z.B. Noilly Prat), 2,5 cl Pastislikör
1/4 l Riesling vom Bodensee, 250 ml Sahne
1 TL Thymianblättchen, 1 Lorbeerblatt
Gewürze (Fenchelsaat, Koriandersaat, Chilipulver, Pfeffer, Nelkenpulver, Anis, Vanille, Ingwerpulver, Salz, 1 Prise Zucker)

Für die Lachsforelle:
600 g Lachsforellenfilet
Salz, gemahlener Koriander, etwas Mehl
Öl und Butter zum Braten
1/2 TL Thymianblättchen

Außerdem:
Mangoldgemüse (Rezept S. 56)

Für den Krebsschaum die Karkassen waschen, zerkleinern und in Öl anrösten. Tomatenmark und Gemüse zugeben. Mit Cognac ablöschen und flambieren. Wermut und Pastis zugeben. Riesling und Sahne angießen. Kräuter und Gewürze zugeben. Die Sauce langsam aufkochen lassen. Durch ein Haarsieb passieren und schaumig aufmixen.
Die Lachsforelle in Portionen teilen und mit Salz und Koriander einreiben. Die Hautseite mehlieren. Öl in einer Pfanne erhitzen, die Filets mit der Hautseite nach unten darin fast gar braten. Butter und Thymian dazugeben, den Fisch wenden und fertigbraten. Mangoldgemüse auf Tellern anrichten, Lachsforellenfilets daraufsetzen und mit Krebsschaum umgießen.

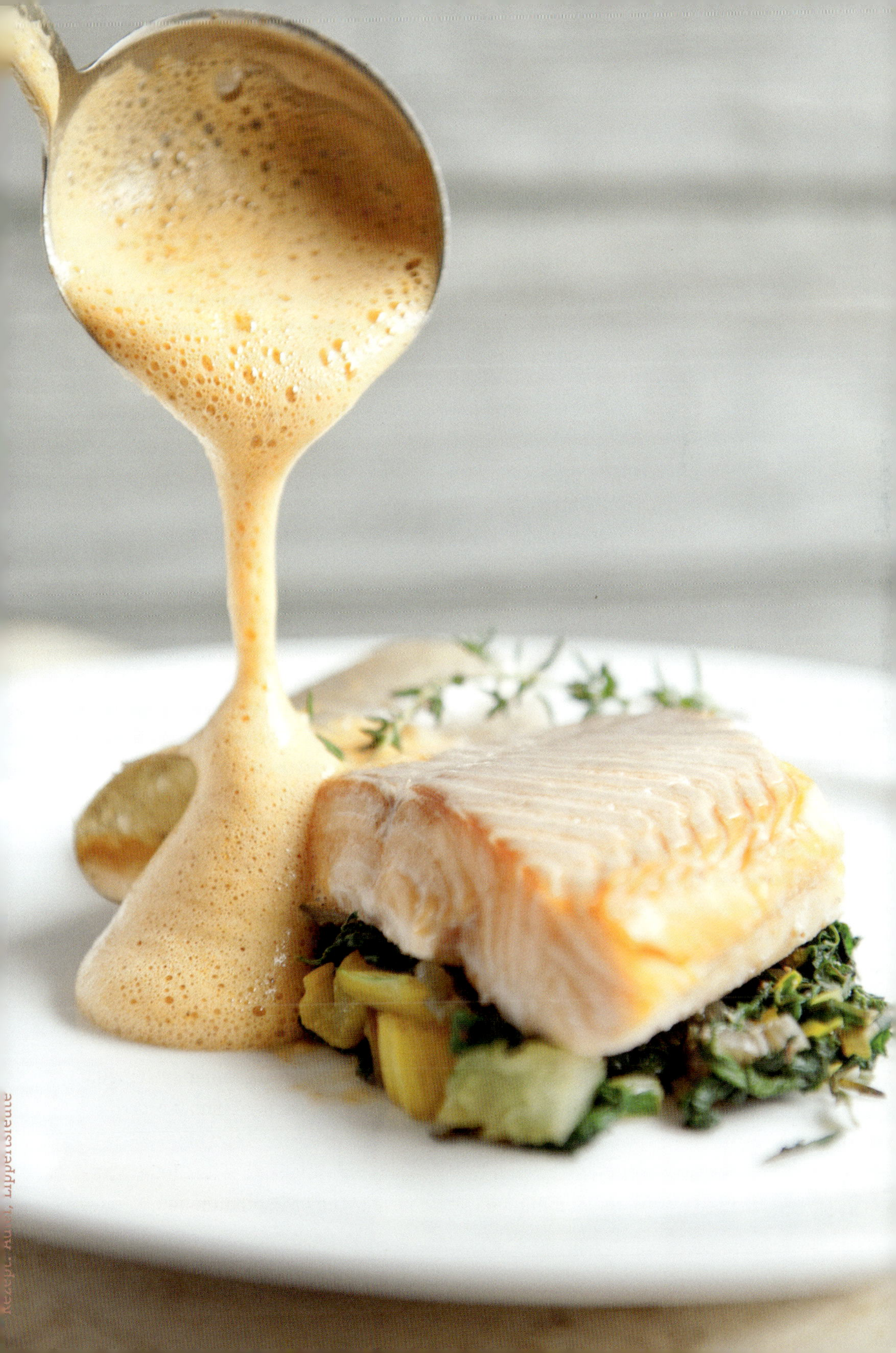

Rezept: Adler, Lippertsreute

Felchen mit dreierlei Blumenkohl
und Kapern

Für Blumenkohlcreme, eingelegten und gerösteten Blumenkohl:
1–2 Köpfe Blumenkohl, Salz, Saft von 1/2 Zitrone, 100 g Butter
30 ml Weißweinessig, Zucker
1 TL Sonnenblumenkerne, frisch gemahlener Pfeffer

Für die Kaperncreme:
Rapsöl, 1/2 Schalotte, fein gewürfelt
50 g Kapern (gewässert), 2 kleine Pellkartoffeln (50–60 g), gewürfelt

Für die Felchen:
4 Bodensee-Felchenfilets, Salz, etwas Mehl, Butter zum Braten
1 EL Sonnenblumenkerne, 1 TL feine Kapern, 1 Spritzer Zitronensaft

Für die Blumenkohlcreme die Strünke herausschneiden und schälen. 250 g abwiegen und würfeln. 400 ml Wasser mit Salz und Zitronensaft zum Kochen bringen. Die Strunkwürfel darin weich kochen, herausheben und kräftig auspressen. Die Masse mit 50 g kalter Butter pürieren, salzen.
Für eingelegten Blumenkohl 250 g Röschen in dünne Scheiben schneiden. Weißweinessig mit 120 ml Wasser, Salz und Zucker aufkochen, die Scheibchen kurz darin ziehen lassen. Herausnehmen und warm stellen.
Für gerösteten Blumenkohl 250 g kleine Röschen in aufgeschäumter Butter garen. Sonnenblumenkerne zufügen, salzen und pfeffern.
Für die Kaperncreme Rapsöl erhitzen, Schalotte darin anschwitzen. Kapern und Pellkartoffeln zugeben, alles fein pürieren und warm stellen.
Die Felchenfilets salzen, auf der Hautseite mehlieren und in schäumender Butter braten. Sonnenblumenkerne, Kapern und Zitronensaft hinzufügen. Blumenkohlcreme auf Teller streichen, eingelegten und gerösteten Blumenkohl darauf anrichten. Kaperncreme auftupfen. Die Felchenfilets mit dem Bratfett samt Inhalt beträufeln. Dazu passen Pariser Kartoffeln.

Rezept: Seehalde, Uhldingen-Mühlhofen

Felchen blau
mit Beurre blanc

Für die Beurre blanc:
200 ml Weißwein (Bodensee-Riesling), 50 ml Weißweinessig
1 Höribülle, gespickt mit 1 Lorbeerblatt und 1 Nelke
2 Wacholderbeeren, einige Pfefferkörner
150 g kalte Butter
Salz, frisch gemahlener Pfeffer, Zitronensaft

Außerdem:
4 Bodensee-Felchen (geschuppt und ausgenommen)
Salz
1 Karotte, 1 Frühlingszwiebel, 1 Stange Lauch, 1 Fenchelknolle
1/4 l Weißwein (Bodensee-Riesling)

Für die Beurre blanc eine Reduktion kochen. Dafür 200 ml Wasser mit Weißwein, Weißweinessig, gespickter Zwiebel, Wacholder und Pfeffer in einen Topf geben und auf 50 ml einkochen lassen. Danach durch ein feines Sieb passieren und die kalte Butter in Stückchen unterrühren. Mit Salz, Pfeffer und Zitronensaft würzen.
Die Felchen mit Salz einreiben und 10 Minuten ruhen lassen. Das Gemüse schälen bzw. putzen und in feine Streifen schneiden. Gemüsestreifen in eine Kasserolle geben, die Felchen darauf legen und den Weißwein angießen. Zugedeckt im auf 90 °C vorgeheizten Backofen 15 Minuten garen (im Dampfgarer 12 Minuten bei 80 °C). Danach den Fischsud abgießen und den Fisch mit dem Gemüse bei 60 °C warm stellen.
Den Fischsud zur Beurre blanc geben und mit dem Pürierstab schaumig aufrühren. Mit Salz, Pfeffer und Zitronensaft würzen.
Die Felchen auf einer vorgewärmten Platte anrichten und mit den Gemüsestreifen belegen. Mit Beurre blanc übergießen und heiß servieren. Dazu passen Petersilienkartoffeln und Salat.

Rezept: Grüner Baum, Moos

Rezept: Schloss Wartegg, Rorschacher

Saiblingsfilet aus dem Ofen

mit Fenchel und Zitronenhollandaise

Für das Saiblingsfilet:
700 g Saiblingsfilet
Salz, frisch gemahlener Pfeffer
1 EL gehackte Kräuter (z.B. Petersilie)
50 g geschmolzene Butter, etwas Öl
1 kleine Fenchelknolle, gegart

Für die Zitronenhollandaise:
50 ml Weißwein
2 Eigelb
1 TL abgeriebene Zitronenschale
Salz, frisch gemahlener Pfeffer
100 g geschmolzene Butter

Das Fischfilet in 4 Portionen teilen, auf je ein Stück Backpapier legen, salzen und pfeffern. Mit gehackten Kräutern bestreuen, mit geschmolzener Butter und etwas Öl beträufeln. Die Fenchelknolle in dünne Scheiben schneiden und auf dem Fisch verteilen. Das Backpapier zu einem Päckchen zusammenschlagen und den Fisch im auf 180 °C vorgeheizten Backofen 12 Minuten garen.
Inzwischen für die Hollandaise den Weißwein über einem heißen Wasserbad erhitzen. Eigelbe, Zitronenschale und Gewürze zugeben und die Masse mit einem Schneebesen schaumig schlagen. Die geschmolzene Butter unter ständigem Rühren erst tröpfchenweise, dann im dünnen Strahl unterrühren, bis die Sauce eine dickschaumige Konsistenz angenommen hat. Vom Wasserbad nehmen.
Den Fisch im Backpapier servieren und die Zitronenhollandaise getrennt dazu reichen. Dazu passen Salzkartoffeln.

Zweierlei Hechtklöße
mit Bärlauch-Jus und gebratenem Spargel

Für die Hechtklößchen:
900 g Hechtfilet, 650 ml eiskalte Sahne, Salz, 50 g Blattspinat
1/2 l Weißwein, 50 ml Weißweinessig, 1 Wacholderbeere
1 Höribülle, gespickt mit 1 Lorbeerblatt und 1 Nelke

Für Bärlauch-Jus und Spargel:
1/2 Höribülle, fein gewürfelt, 100 g Bärlauch, in Streifen geschnitten
2 EL Butter, 3 EL Mehl
300 ml Hechtklößchensud, 200 ml Sahne, 1 Schuss Weißwein
Salz, frisch gemahlener Pfeffer
12 Stangen Spargel, geschält, in 6 cm lange Stücke geschnitten
100 ml kalt gepresstes Rapsöl
weißer Balsamico-Essig

Das Hechtfilet klein schneiden. Die Hälfte der Menge mit 350 ml Sahne und 1 Prise Salz glatt pürieren und durch ein Haarsieb streichen. Die andere Hälfte mit der restlichen Sahne, Spinat und Salz pürieren und ebenfalls durchs Sieb streichen. Beide Massen für ca. 1 Stunde kalt stellen.
In einem großen Topf 2 l Wasser mit Weißwein, Weißweinessig, Wacholderbeere und gespickter Zwiebel zum Kochen bringen. Von den Hechtmassen Klöße abstechen und in den Sud geben. Die Hitze reduzieren und die Klößchen zugedeckt ca. 6 Minuten garen. Herausheben und warm stellen.
Für die Bärlauch-Jus Zwiebel und Bärlauch in Butter andünsten. Mit Mehl bestäuben. Sobald es Blasen wirft, unter Rühren Klößchensud und Sahne zugießen. Alles 10 Minuten köcheln lassen. Mit Wein, Salz und Pfeffer würzen.
Für den Spargel Rapsöl erhitzen und die Spargelstücke zugeben. Mit Balsamico, Salz und Pfeffer würzen und den Spargel goldbraun braten.
Einen Spiegel von dem Bärlauch-Jus auf jeden Teller geben, Hechtklößchen und Spargel darauf anrichten.

Rezept: Grüner Baum, Moos

Rezept: Adler Limmertsreute

Geschmorter Hecht
nach badischer Art

- 640 g Hechtfilet
- Salz, frisch gemahlener Pfeffer
- etwas Mehl
- 100 g durchwachsener Speck
- 1 Zwiebel
- Butter und Öl zum Braten
- 50 ml Riesling vom Bodensee
- 200 ml Sahne
- frisch geriebene Muskatnuss
- 2 EL gehackte Petersilie

Hechtfilet waschen, trockentupfen und in 4 Portionen teilen. Die Fleischseite mit Salz und Pfeffer einreiben. Die Hautseite leicht mehlieren. Den Speck würfeln, die Zwiebel schälen und hacken. Butter und Öl in einer Pfanne erhitzen. Den Fisch mit der Hautseite nach unten hineinlegen, Speck- und Zwiebelwürfel zugeben. Hechtstücke herausnehmen, in eine Auflaufform setzen und im auf 160 °C vorgeheizten Ofen ca. 10 Minuten garen. Inzwischen den Bratensatz in der Pfanne mit Riesling und Sahne ablöschen, mit Salz, Pfeffer und Muskat würzen und sämig einkochen lassen. Hecht aus dem Ofen nehmen und evtl. verbliebene Gräten mit einer Pinzette entfernen. Die Sauce aus der Pfanne zum Fisch geben und alles wieder in den Ofen schieben. Weitere 10 Minuten garen, bis der Fisch in der Mitte noch leicht glasig ist. Mit Petersilie bestreut servieren. Dazu passen Salzkartoffeln.

Gebratenes Eglifilet
mit Mandelblättchen und Zitronenbutter

- 16 Eglifilets
- Salz, frisch gemahlener Pfeffer, etwas Mehl
- 50 g geklärte Butter (s. Tipp)
- 100 g Mandelblättchen
- 2 Tomaten
- 20 g Butter
- Saft von 1 Zitrone
- 2 Handvoll gehackte Gartenkräuter (Dill, Estragon, Petersilie, Schnittlauch, Pimpinelle, Thymian)

Die Eglifilets mit Salz und Pfeffer einreiben und leicht mehlieren. Die geklärte Butter in einer Pfanne erhitzen, die Mandelblättchen darin bräunen und wieder herausnehmen. Eglifilets in die verbliebene Butter legen und von beiden Seiten goldbraun braten.
Die Tomaten von Kernen und Stielansatz befreien und fein würfeln. Butter in einer Kasserolle bräunen und mit Zitronensaft ablöschen. Tomatenwürfel und Kräuter zugeben, salzen und pfeffern.
Die Eglifilets auf Tellern anrichten, mit Mandelblättchen belegen und mit der Zitronenbutter begießen. Heiß servieren.

Tipp:

Butter verbrennt leicht. Wenn man sie höher erhitzen möchte, muss man sie zuvor klären, also von der Molke befreien. Dafür die Butter in einer Kasserolle zum Kochen bringen. Den entstehenden Schaum so vollständig wie möglich abschöpfen. Die Butter kochen lassen, bis sie ganz klar ist. Durch ein mit Küchenpapier ausgelegtes Sieb gießen und abkühlen lassen. Wenn die Butter fest wird, setzt sich die verbliebene Molke unten ab und kann abgegossen werden.

Rezept: Heinzler am See, Immenstaad

Felchen mit Kartoffel-Sellerie-Kruste
an Apfel- und Rote-Bete-Spalten

Für die Felchen:
12 Felchenfilets
Salz, frisch gemahlener Pfeffer
Cayennepfeffer
2 Kartoffeln und 1/4 Sellerieknolle, jeweils geraspelt
etwas Mehl, 1 Ei
80 g Butterschmalz

Für die Apfel- und Rote-Bete-Spalten:
2 Knollen gekochte Rote Bete, 2 aromatische Äpfel
50 g Zucker
100 g kalte Butter
Salz, frisch gemahlener Pfeffer
Saft von 1/2 Zitrone

Die Felchenfilets mit Salz, Pfeffer und Cayennepfeffer würzen. Kartoffel- und Sellerieraspel miteinander vermischen. Die Filets auf der Fleischseite leicht mehlieren und mit verquirltem Ei bestreichen. Kartoffel-Sellerie-Mischung darauf verteilen und leicht andrücken. Butterschmalz in einer Pfanne erhitzen, die Filets mit der belegten Seite nach unten in das heiße Fett legen und goldbraun braten. Dann wenden und auf der Hautseite fertig braten.
Die Rote-Bete-Knollen schälen und in Spalten schneiden. Die Äpfel vom Kerngehäuse befreien und mit Schale ebenfalls in Spalten schneiden. Den Zucker in einer Pfanne karamellisieren und mit 50–100 ml Wasser ablöschen. Rote Bete und Äpfel darin 2 Minuten köcheln lassen. Butter stückchenweise unterrühren. Mit Salz, Pfeffer und Zitronensaft abschmecken. Die Felchenfilets mit der Kruste nach oben auf Teller legen, Apfel- und Rote-Bete-Spalten daneben anrichten. Dazu passt Senfsauce.

Hechtfilet auf Buttererbsen
und Kartoffelstroh

- 600–700 g Hechtfilets, entgrätet
- 2 Karotten, 1/2 Zwiebel
- 3 festkochende Kartoffeln
- 1/2 l Kokosfett zum Frittieren
- 100 g Butter
- 300 g Erbsen (frisch oder TK)
- Salz und frisch gemahlener Pfeffer
- frisch geriebene Muskatnuss
- etwas Mehl
- Öl zum Braten
- 1 Stängel Rosmarin, 1 Stängel Thymian
- gebackene Kirschtomaten für die Garnitur

Die Hechtfilets in 4 Portionen teilen und kühl stellen. Karotten schälen und stifteln. Zwiebel schälen und fein hacken. Kartoffeln schälen und mit einem Gemüsehobel in feine, lange Streifen schneiden.
Das Kokosfett in einem weiten Topf oder der Fritteuse auf 160 °C erhitzen (wenn es heiß genug ist, steigen an einem hineingehaltenen Holzstäbchen Bläschen auf). Die Kartoffelstreifen darin goldgelb backen. Das Kartoffelstroh herausheben und auf Küchenpapier entfetten.
80 g Butter in einer Panne zerlassen, die Erbsen darin schwenken. Karottenstreifen in kochendem Salzwasser kurz blanchieren, abtropfen lassen und zu den Erbsen geben. Mit Salz, Pfeffer und Muskat würzen.
Den Fisch auf der Hautseite mehlieren und in etwas Öl ca. 1–2 Minuten scharf anbraten. Hitze reduzieren und die restliche Butter zugeben. Salzen, pfeffern, Kräuter hinzufügen und mit dem Fisch im heißen Fett schwenken.
Erbsen und Kartoffelstroh auf vorgewärmten Tellern anrichten. Den Fisch mit der Hautseite nach oben darauflegen und mit Bratfett übergießen.
Mit gebackenen Kirschtomaten garnieren.

Rezept: Engel, Hard

Rezept: Schlössli Horn

Felchenfilet mit Holunder-Balsamico
auf Zucchini-Fenchel-Kirschtomaten-Gemüse

Für das Gemüse:
16 Kirschtomaten
2 Zucchini
2 kleine Fenchelknollen
2 EL Olivenöl
Salz, frisch gemahlener Pfeffer

Für die Felchen:
8 Felchenfilets à ca. 90 g
Öl zum Braten
Salz, frisch gemahlener Pfeffer

Außerdem:
4 EL Holunderessig
4 EL Balsamico
Gartenkresse und Radicchio-Streifen zum Garnieren

Die Kirschtomaten halbieren. Zucchini und Fenchel putzen und grob würfeln. Olivenöl in einer Pfanne erhitzen, die Zucchini- und Fenchelwürfel darin bei geringer Hitze braten, bis das Gemüse gar, aber noch bissfest ist. Die Kirschtomaten zugeben und kurz mitgaren. Das Gemüse salzen, pfeffern und warm stellen.
Die Felchenfilets in heißem Öl auf der Hautseite anbraten. Mit Salz und Pfeffer würzen, dann wenden, nochmals würzen und bei geringer Hitze fertigbraten.
Das Gemüse auf vier Teller verteilen und je zwei Felchenfilets darauf anrichten. Mit je 1 EL Holunderessig und Balsamico beträufeln und mit Kresse und Radicchio-Streifen dekoriert servieren.

Zweierlei vom Hecht
mit Ofen-Rote-Bete

Für zweierlei Hecht:
125 g weiche Butter, 1 Eigelb
1/2 EL Meerrettich (Glas oder frisch gerieben), 40 g Semmelbrösel
1 TL grobkörniger Senf, Salz, frisch gemahlener Pfeffer
4 gegarte Hechtklößchen aus 1/4 Rezept Hechtklößchenmasse (S. 40)
4 dicke Stücke Hechtfilet à 80–100 g (ohne Haut)
100 g gebräunte Butter, Schnittlauchröllchen

Für die Rote Bete:
500 g Rote Bete (kleine Knollen), grobes Meersalz

Für die Meerrettichsauce:
30 g Butter, 35 g Mehl, 100 ml Fischfond (Rezept S. 25), 400 ml Milch
Salz, frisch gemahlener Pfeffer, frisch gemahlene Muskatnuss
1 EL frisch geriebener Meerrettich, 2 EL geschlagene Sahne

Am Vortag die weiche Butter mit dem Eigelb schaumig rühren. Meerrettich, Semmelbrösel und Senf einrühren. Die Masse salzen, pfeffern und kalt stellen. Am nächsten Tag die Rote-Bete-Knollen auf ein mit Meersalz bestreutes Blech setzen und im auf 180 °C vorgeheizten Backofen 30–40 Minuten garen, schälen und warm stellen. Für die Meerrettichsauce Butter zerlassen und Mehl einrühren. Kalten Fischfond und Milch zugießen, alles mixen, würzen und 10 Minuten köcheln lassen. Meerrettich und Sahne unterziehen. Die Hechtfilets salzen, pfeffern, mit brauner Butter in eine Auflaufform geben und im auf 80 °C vorgeheizten Backofen 20–30 Minuten garen. Die Meerrettichmasse vom Vortag auf den Fisch streichen und unter dem Grill des Backofens goldbraun gratinieren. Hechtfilets und Hechtklößchen mit Rote-Bete-Spalten auf Tellern anrichten. Mit Meerrettichsauce umgießen, mit Schnittlauchröllchen garnieren. Dazu passen Bouillonkartoffeln.

Rezept: Seehalde, Uhldingen-Mühlhofen

Zander auf Crostini

mit Rotweinbutter und Mangoldgemüse

Für den Fisch:
1 Ciabatta
700 g Zanderfilet
Salz, frisch gemahlener Pfeffer
Butter zum Braten
Kapuzinerkresseblüten zum Garnieren

Für die Rotweinbutter:
100 ml Rotwein, 1 1/2 TL Zucker, Salz, frisch gemahlener Pfeffer
60 g eiskalte Butter

Für das Mangoldgemüse:
2 EL Zwiebelwürfel, 1 EL Butter zum Braten
300 g Mangold, geputzt und in Streifen geschnitten
Salz, frisch gemahlener Pfeffer, 2 EL Butter

Das Ciabatta von der Rinde befreien und in dünne Scheiben schneiden. Diese auf einem Stück Backpapier dicht an dicht nebeneinander legen. Das Zanderfilet darauf verteilen und mit Salz und Pfeffer würzen. Portionsstücke schneiden und diese mit der Brotseite nach unten ca. 5 Minuten in heißer Butter braten.
Für die Rotweinbutter Rotwein mit Zucker in einer kleinen Kasserolle sirupartig einkochen lassen, salzen und pfeffern. Vom Herd nehmen und die kalte Butter flöckchenweise unterrühren, bis die Sauce bindet (montieren).
Für das Mangoldgemüse die Zwiebelwürfel in Butter andünsten. Mangoldstreifen zugeben und zusammenfallen lassen. Salzen, pfeffern und die restliche Butter unterrühren.
Zander mit Mangoldgemüse und Rotweinbutter auf vorgwärmten Tellern anrichten. Mit Kapuzinerkresse garnieren. Dazu passt Kartoffelpüree.

Rezept: Schloss Wartegg, Rorschacher Berg

Zander mit Rotwurstkruste
auf Mandelmöhrchen

- 8 Zanderfilets
- Salz, frisch gemahlener Pfeffer
- etwas Mehl
- Butter zum Braten
- 4 EL weiche Butter
- 1 EL gehackter Oregano
- 1 EL gehackte Petersilie
- 4 EL Semmelbrösel
- 150 g Rotwurst (Glas, streichfähig)

Die Zanderfilets auf der Fleischseite mit Salz und Pfeffer einreiben, auf der Hautseite leicht mehlieren. Butter in einer Pfanne zerlassen, die Fischfilets darin von beiden Seiten goldbraun anbraten. Für die Kruste die weiche Butter mit Kräutern, Semmelbröseln und Rotwurst gut verkneten. 1 Prise Pfeffer zugeben. Die Masse auf die gebratenen Filets streichen und unter dem Grill des Backofens goldbraun gratinieren. Dazu passen Mandelmöhrchen und Kartoffelschiffchen (s. Tipp).

Tipp:

Für die Mandelmöhrchen ca. 500 g rote und gelbe Karotten schälen, in Scheiben schneiden und in kochendem Salzwasser kurz blanchieren. Abtropfen lassen und mit 1 Handvoll Mandelblättchen in Butter schwenken. Salzen und Pfeffern.
Für die Kartoffelschiffchen 8 kleine Pellkartoffeln längs halbieren. Kartoffelpüree in einen Spritzbeutel mit Sterntülle füllen und in dekorativen Wellen auf die Schnittflächen spritzen. Unter dem Grill des Backofens goldbraun gratinieren.

Rezept: Schlossl, Horn

Dank und Adressen

Landgasthof zum Adler

Hauptstraße 44, D-88662 Überlingen-Lippertsreute
+49 (0)7553 82550, www.adler-lippertsreute.de

Peter Vögele, absolut unverzichtbarer Ideen- und Rezeptlieferant, Tischdecken- und Tafelsilber-Ausleiher. Unermüdlich stand er uns mit Rat und Tat, Frühstück und Charme zur Seite. Dank auch an **Volker Hellwig**, den Koch!

Seerestaurant Schlössli Horn

Hornstaaderstraße 43, D-78343 Gaienhofen
+49 (0)7735 2041, www.schloessli-horn.de

Ein herzliches Dankeschön an **Thomas Karper** für seine Unterstützung, an Küchenchefin **Iris Beck** für tolle Rezepte und ihr fröhliches Naturell und an Sous-Chef **Ronny Klöpfel** für bereitwilligen Einsatz an seinem freien Tag!

Grüner Baum

Radolfzeller Str. 4, D-78345 Moos
+49 (0)7732 54077, www.gruenerbaum-moos.de

Danke, **Hubert Neidhart**, für wundervolle Rezepte, enormes Wissen um regionale Spezialitäten wie Höribülle & Co., humorvolle und freundliche Unterstützung und die viele in unser Projekt investierte Zeit!

Heinzler am See

Strandbadstraße 3, D-88090 Immenstaad am Bodensee
+49 (0)7545 93190, www.heinzleramsee.de

Für die unkomplizierte Zusammenarbeit in der angenehm entspannten Atmosphäre ihres Familienbetriebs und natürlich für die feinen Rezepte danken wir von Herzen **Thomas und Michael Heinzler**!

Gasthaus Engel

Landstraße 1, A-6971 Hard am Bodensee
+43 (0)5574 20768, www.pleifersengel.at

Bei **Klaus Pleifer** standen wir unangemeldet vor der Tür. Trotz großen Zeitdrucks zauberte er uns dennoch kurzerhand drei Rezepte auf den Tisch. Vielen Dank dafür!

Restaurant Valentin

In der Grub 28A, D-88131 Lindau (Bodensee)
+49 (0)8382 5043740, bio-logisch.bayern

Daniel Rupfle und Claudia Siebert führen ihr Restaurant mit hohem Anspruch an Nachhaltigkeit und Bio-Qualität. Wir bedanken uns für die freundliche Unterstützung!

Hotel Seehalde

Birnau-Maurach 1, D-88690 Uhldingen-Mühlhofen
+49 (0)7556 92210, www.seehalde.de

Die Seehalde von **Markus und Thomas Gruler** ist eine Adresse der Extra-Klasse! Vielen Dank für die ausgefallenen Rezepte und das schöne Ambiente!

Schloss Wartegg

Von Blarer Weg 1, CH-9404 Rorschacherberg
+41 (0)71 858 62 62, wartegg.ch

Herzlichen Dank an die Gastgeber **Imelda Senn und Richard Butz**, dass sie uns bereitwillig einluden; an **Sandro und Dörte Zimmermann** für besonders stilvolle Rezepte!

Außerdem bedanken wir uns bei **Sonja Knoblauch** vom Fischhaus Löwenzunft in Uhldingen für das Rezept zum Felchenaufstrich; bei **Annette Güthner** und **Walter Engstle** vom Südverlag für ihr Vertrauen; und bei unseren Familien, allen voran unseren Partnern **Sascha Unger** und **Jos Gerritschen**, für ihre liebevolle Unterstützung!

Christiane Leesker und **Vanessa Jansen** arbeiten Tür an Tür in der Ateliergemeinschaft Hafenstraße 64 in Münster. Als Team haben sie bereits sieben verschiedene Koch- und Backbücher realisiert. Dafür reisen die Grafikerin/Autorin und die Fotografin in andere Länder und Regionen, schnuppern in immer neue Küchen, lernen Köche und ihre Kniffe kennen und halten alles in zauberhaften Fotos und stimmungsvollen Texten fest.

In der gleichen Ausstattung
ebenfalls im Südverlag erschienen:

16,0 x 22,5 cm, 64 Seiten,
ca. 50 farbige Fotos, Hardcover, € 16,-
ISBN 978-3-87800-094-5